on dirait que je suis...

une princesse

Ivan Bulloch & Diane James

Les Éditions du
Carrousel

Direction artistique Ivan Bulloch
Éditeur Diane James
Maquettiste Lisa Nutt
Illustrateur Dom Mansell
Photographe Daniel Pangbourne
Modèles Courtney, Natalia, Shelby, Jonathan,
Grant, Kaz, Abigail, Stephanie
Traduction Christian Salzedo
Composition Nord Compo
Imprimé et relié en Espagne

ISBN 2-7456-0103-2

Sommaire

Être une princesse n'était pas toujours facile mais on s'amusait bien quand même ! Il fallait faire attention à ne pas attraper froid dans le grand château plein de courants d'air mais les fêtes et les somptueux festins que l'on y donnait compensaient ces petits désagréments ! Toutes les princesses portaient de fabuleuses robes et des tonnes de bijoux. Aimerais-tu être une princesse ?

Oui ?! Alors, commençons...

Une princesse devait se lever très tôt le matin. Il lui fallait un temps considérable et l'aide de plusieurs personnes pour s'habiller.

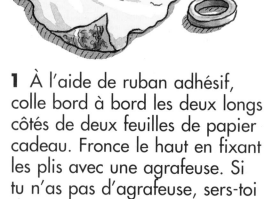

Elle devait tout d'abord mettre de longs jupons et rentrer dans un corset très serré. Ce n'est qu'ensuite qu'elle revêtait la robe princière couverte de broderies… Jamais on n'aurait pu la surprendre en jean et en t-shirt !

1 À l'aide de ruban adhésif, colle bord à bord les deux longs côtés de deux feuilles de papier cadeau. Fronce le haut en fixant les plis avec une agrafeuse. Si tu n'as pas d'agrafeuse, sers-toi du ruban adhésif.

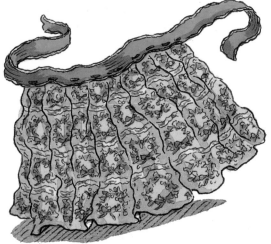

2 Recouvre les plis que tu as faits avec un morceau de ruban, en l'agrafant ou en le collant. Le ruban devra être plus grand que la jupe de façon que tu puisses en nouer les extrémités autour de la taille.

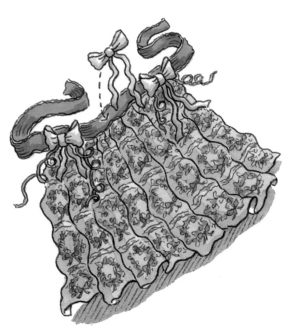

Jusqu'à maintenant, ce n'est pas si difficile que ça d'être une princesse !

3 Noue de petits bouts de ruban pour en faire des bouffettes ; colle-les sur la ceinture de ta jupe princière pour cacher les agrafes ou la colle. Ajoute quelques serpentins de couleur vive pour y mettre la touche finale.

4 Découpe un rond au centre d'un napperon de papier, puis coupe l'anneau ainsi créé de la manière indiquée. Passe le napperon autour de ton cou pour faire un joli col.

I l faut bien sûr qu'une princesse ait une couronne ! Bien souvent, cette dernière était en or massif et pesait très lourd ! La princesse devait s'entraîner à marcher la tête haute et le dos droit pour que, le jour venu, sa couronne ne tombe pas par terre en plein bal !

1 Pour être sûre que ta couronne sera exactement à ta taille, mesure ton tour de tête avec un mètre de couturière ou un bout de ficelle. Ajoute deux ou trois centimètres pour les languettes de collage.

colle

colle

2 Reporte ta mesure sur un morceau de carton fort. Dessine puis découpe une bande de la même longueur, avec les motifs que tu veux pour ta couronne.

3 Il ne te reste plus maintenant qu'à décorer le symbole de ton autorité avec du papier de couleur, des bonbons ou des paillettes.

S'il y avait une chose qu'une princesse aimait plus que tout au monde, c'était bien les bijoux et joyaux inestimables, constellés de rubis, de grenats et de saphirs étincelants, dont elle se recouvrait.

Elle n'avait jamais assez de colliers, de broches et de bracelets et il lui fallait par conséquent, un coffret à bijoux.

1 Trouve-toi une solide boîte en carton. Une boîte à chaussures serait idéale. Sur le couvercle de ta boîte, colle, l'un sur l'autre, deux morceaux de carton de taille différente, le plus petit sur le plus grand, puis un petit tube en carton sur le tout.

2 Décore ton coffret à bijoux en y collant des formes découpées ou déchirées dans du papier de couleur.

J'espère qu'elle va aimer mon cadeau : tout mon argent de poche y est passé !

3 Termine ton coffret à bijoux en y collant des bonbons de toutes les couleurs. C'est beaucoup moins cher que les rubis et les saphirs et on ne remarquera pas trop la différence.

Parmi les nombreux devoirs d'une princesse, il y en avait un qui consistait à rester assise pendant des heures sur un très joli – mais très inconfortable – trône. La princesse devait écouter d'interminables discours et accueillir les centaines de visiteurs qui se pressaient

1 Un tabouret solide servira de base à ton trône. Trouve-toi un grand carton et recouvres-en le tabouret. Peut-être devras-tu couper le bas du carton pour qu'il soit de la même taille que le tabouret.

Oaahh!

aux portes du château. Avec le mal de dos carabiné qui la tenaillait, que n'aurait-elle pas donné pour un fauteuil confortable ! Mais la vie est ainsi faite et une vraie princesse doit avoir son trône !

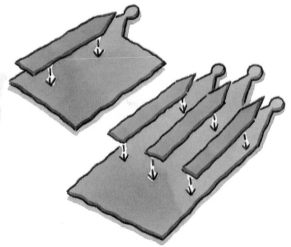

2 Découpe deux pièces en carton pour les accoudoirs et une pour le dossier. Décore-les avec des motifs de papier de couleur.

3 Maintenant, colle les deux accoudoirs et le dossier et n'oublie pas le plus important : mets un bon coussin sur le siège ! Le trône de Son Altesse est prêt !

Reposons-nous un peu !

Pendant la journée, une princesse avait souvent besoin d'échapper aux discours interminables et aux innombrables émissaires des royaumes lointains. Il fallait bien changer d'air alors quoi de plus approprié qu'une promenade à cheval dans le parc du château ? Elle choisissait son cheval préféré et s'en allait au galop accompagnée de ses amis et de la meute princière, ce qui ne manquait jamais de surprendre les vaches !

1 Découpe dans du carton toutes les pièces qui formeront la tête de ton fidèle coursier. Il lui faudra des oreilles, un naseau, une bouche et un œil.

Hue ! en avant, suivez-moi !

Qui m'aime me suive !

3 Peins l'œil, le naseau et la bouche du destrier princier puis colle-les à la tête ainsi que ses oreilles. Effiloche ensuite quelques bouts de grosse ficelle et colle-les sur l'encolure de ton cheval pour lui donner une crinière.

2 Demande ensuite à une grande personne de découper, au bout d'un manche à balai, une fente assez large pour y glisser la tête de ton cheval.

4 Il ne te reste plus qu'à glisser la tête du cheval dans la fente au bout du manche à balai et à partir au grand galop !

À la fin de la journée, une fois les affaires royales réglées, la princesse disposait d'un peu de temps pour se distraire. Elle aimait par-dessus

1 Pour fabriquer un tambourin, tu auras besoin d'une bande de bristol ou de carton souple d'environ 50 cm de long sur 8 cm de large. Au milieu de la bande, à intervalles réguliers, découpe 3 trous rectangulaires de 5 cm de long sur 2,5 cm de large. Récupère 6 capsules de bouteille.

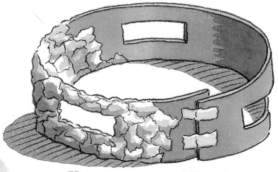

tout écouter sa musique préférée. Musiciens et troubadours se pressaient pour la divertir et il lui arrivait souvent de se lever et de prendre part aux réjouissances, chantant et dansant jusqu'à l'heure du dîner !

2 Fixe les deux extrémités de la bande à l'aide de ruban adhésif. Recouvre ensuite l'anneau en carton de petits bouts de papier trempés dans de la colle à base d'eau et de farine. Laisse sécher.

C'est la première fois que je joue pour une princesse !

3 Demande à une grande personne de percer un trou au centre des capsules. Passe un bout de fil de fer dans le trou au milieu de deux d'entre elles. Procède de la même façon pour les paires restantes. Avec du ruban adhésif, fixe les extrémités des 3 bouts de fil de fer à l'intérieur du tambourin, en face de chaque fente. Attention à ne pas te couper avec le bord des capsules. Recouvre le ruban adhésif de morceaux de papier encollés.

4 Peins sur ton tambourin des motifs de couleurs vives. Une fois la peinture sèche, secoue-le en rythme pour rejoindre troubadours et ménestrels.

Une fois envolées les dernières notes de musique, la princesse festoyait avec tous ses amis, se délectant de mets plus délicieux les uns que les autres. Nul besoin de fourchette et de couteau ! On pouvait manger avec ses doigts !
Les toutous et les minous royaux se joignaient aux convives pour rogner un os ou mordiller une cuisse de poulet. On servait les boissons dans de magnifiques coupes, tout incrustées de pierreries.

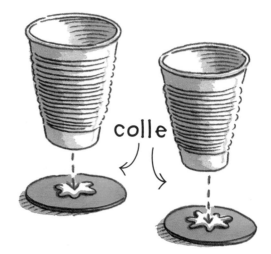

colle

1 Trouve-toi quelques verres en plastique ou en carton. Découpe des ronds de carton pour former la base des coupes princières. Colles-y les verres en plastique.

18

2 Peins, sur l'extérieur des verres en plastique ou en carton, les saphirs bleus, les rubis rouges et les vertes émeraudes de tes coupes de princesse. Sur des verres en plastique, c'est la peinture acrylique qui convient le mieux. N'essaie pas de boire dans tes jolis verres à pied, tu n'as qu'à faire semblant !

Levons notre coupe en l'honneur des musiciens et de tous mes amis !

Les princesses aimaient beaucoup assister aux excitants tournois qui se tenaient assez régulièrement autour du château. De beaux chevaliers montés sur d'ombrageux destriers chargeaient l'un contre l'autre pour essayer de se désarçonner ! Et les princesses encourageaient leur chevalier préféré et les accompagnaient de tous leurs vœux.

20

1 Découpe toutes les pièces de ton heaume de chevalier dans du carton de différentes couleurs. Coupe des trous pour les yeux et de longues fentes pour pouvoir respirer et pousser de terrifiants cris de guerre !

2 Colle les pièces de carton ensemble pour former ton heaume. Perce deux trous de chaque côté et enfiles-y deux morceaux de ficelle que tu noueras pour qu'ils ne sortent pas de leur trou. Tu peux l'attacher.

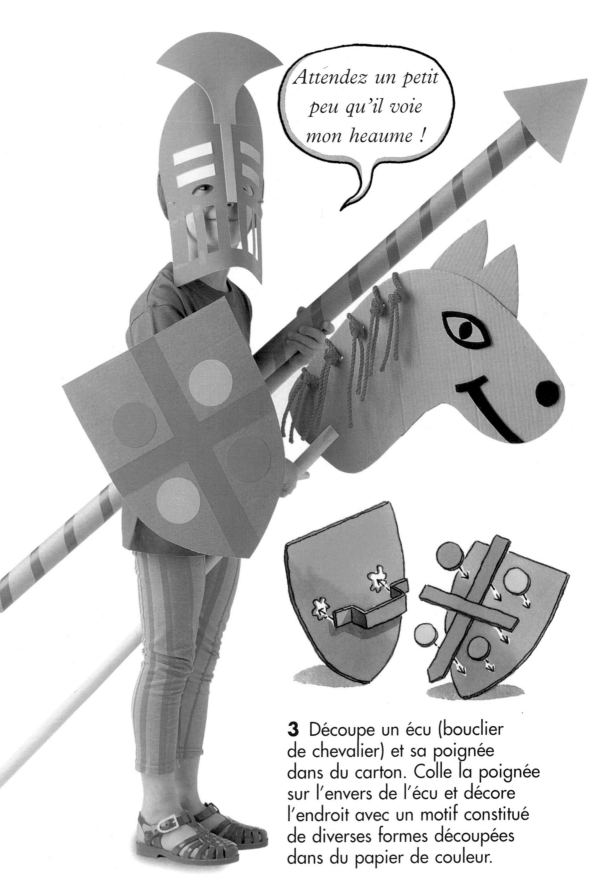

3 Découpe un écu (bouclier de chevalier) et sa poignée dans du carton. Colle la poignée sur l'envers de l'écu et décore l'endroit avec un motif constitué de diverses formes découpées dans du papier de couleur.

Toutes les princesses rêvaient de partager leur vie avec un beau et brave chevalier. Le mariage de la princesse était l'occasion d'une gigantesque fête où tout le monde dans le château royal s'amusait comme des petits fous.
Les musiciens jouaient, on dansait des rigaudons endiablés, le bouffon de la cour divertissait les invités par de bonnes plaisanteries et le cuisinier préparait un banquet gargantuesque. C'était pour une princesse le plus beau jour de sa vie !

Allez, venez vous amuser !

La princesse et le preux chevalier vécurent heureux et eurent beaucoup d'enfants !

Les princesses se servaient parfois de mots qui sembleraient bien étranges aujourd'hui. En voici juste quelques-uns pour t'aider dans ta conversation princière ! La traduction en français de tous les jours figure en dessous :

N'ayez crainte, ma noble miséricorde vous est acquise !

Bon, je te pardonne.

Quoi ? Qu'est-ce ? Que sont ces rides sur ton auguste front ?

T'en fais pas, ça va aller !

Je sens planer l'ombre de terribles infortunes...

Fais attention, y'a ton lacet qu'est défait !

Ô mère affectueuse et consolatrice, comme le levant sied à tes tempes dorées !

Bonjour maman

Que n'avez-vous dissipé plus tôt la langueur qui m'étreint !

Alors, tu viens ? On t'attend depuis une heure !